Duden

W0342607

Einfach klasse in Deutsch

Aufsatz

Wissen • Üben • Können

3. Klasse

Dudenverlag
Mannheim • Leipzig • Wien • Zürich

Bibliografische Information der Deutschen Nationalbibliothek
Die Deutsche Nationalbibliothek verzeichnet diese Publikation in der Deutschen Nationalbibliografie; detaillierte bibliografische Daten sind im Internet über http://dnb.ddb.de abrufbar.

Das Wort **Duden** ist für den Verlag Bibliographisches Institut AG als Marke geschützt.

Alle Rechte vorbehalten.
Nachdruck, auch auszugsweise, verboten.
© Bibliographisches Institut AG,
Mannheim 2010 D C B A

Redaktionelle Leitung: Eva Günkinger und Sylvia Schmitt-Ackermann
Redaktion: Barbara Holzwarth
Autorin: Ulrike Holzwarth-Raether

Herstellerische Leitung: Claudia Rönsch
Layout: Petra Bachmann, Weinheim
Illustration: Barbara Scholz und Pe Grigo
Umschlaggestaltung: Wohlgemuth Partners, Bremen
Satz und Herstellung: Petra Bachmann, Weinheim
Druck und Bindung: Offizin Andersen Nexö Leipzig GmbH

Printed in Germany
ISBN 978-3-411-74183-0

Jetzt gehts los!

In diesem Heft findest du alle wichtigen Inhalte zum Thema „Aufsatz“ in der 3. Klasse. Es ist in fünf große Kapitel aufgeteilt. Du erkennst sie an den kleinen Bildern in der Kopfzeile:

 **Benachrichtigen**

 **Beschreiben und erklären**

 **Berichten**

 **Informieren**

 **Erzählen**

Die Kinder auf diesen kleinen Bildern begleiten dich durch den ganzen Band. Sie zeigen dir, dass es beim Lernen nicht viel anders zugeht als im Sport. Wer eine Sportart richtig gut beherrschen will, muss die wichtigsten Techniken und Spielregeln kennen und dann viel üben und trainieren. Schnell wirst du merken, dass du Fortschritte machst und dir immer mehr gelingt.

Wissen
Üben
Können

Überprüfe deine Ergebnisse mit dem **Lösungsteil** hinten im Heft. Mithilfe des **Abschlusstests** kannst du feststellen, ob du das Thema „Aufsatz“ schon gut beherrschst oder ob du manche Übungen noch einmal wiederholen solltest.
Die wichtigsten **Fachbegriffe** findest du auf der letzten Seite des Heftes.

Manche Aufgaben löst du am besten auf einem extra Blatt Papier oder in einem leeren Schulheft.

Wenn dir kein passendes Wort für das einfällt, was du ausdrücken willst, kannst du nachschlagen. Zum Beispiel in dem Wörterbuch von Duden „Sag es besser!“ gibt es sehr viele verschiedene Ausdrücke und auch Redensarten. Sicher findest du passende Wörter darin.

Inhaltsverzeichnis

Benachrichtigen

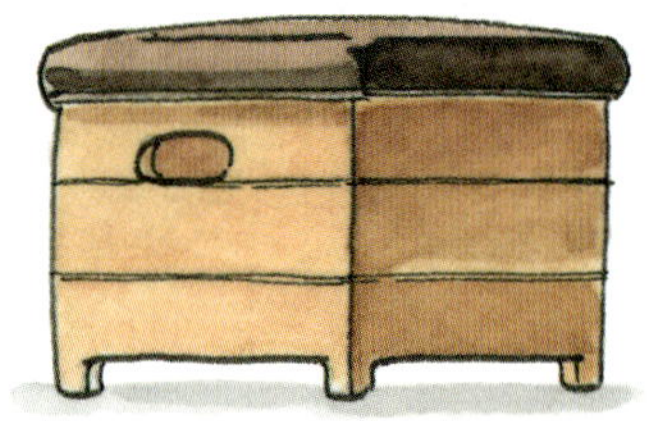

Beschreiben und erklären

Berichten

Inhaltsverzeichnis

Eine Nachricht hinterlassen

Wissen und Verstehen

Eine Nachricht soll so kurz wie möglich sein und nur die allerwichtigsten Informationen enthalten. Stichwörter genügen. Trotzdem muss der Empfänger die Nachricht verstehen können.
Eine SMS-Nachricht schreibst du besonders kurz, weil das Display so klein ist.
Damit dir das gelingt, gibt es Abkürzungen:

LG (Liebe Grüße)	GuK (Gruß und Kuss)	GM (Guten Morgen)
GN8 (Gute Nacht)	DDDr (Dreimal darfst du raten)	akla (Alles klar?)

Üben 1

Neles Eltern sind nicht zu Hause. Sie nimmt einen Anruf für sie an, ist aber gerade dabei, selbst das Haus zu verlassen. Was schreibt sie auf?

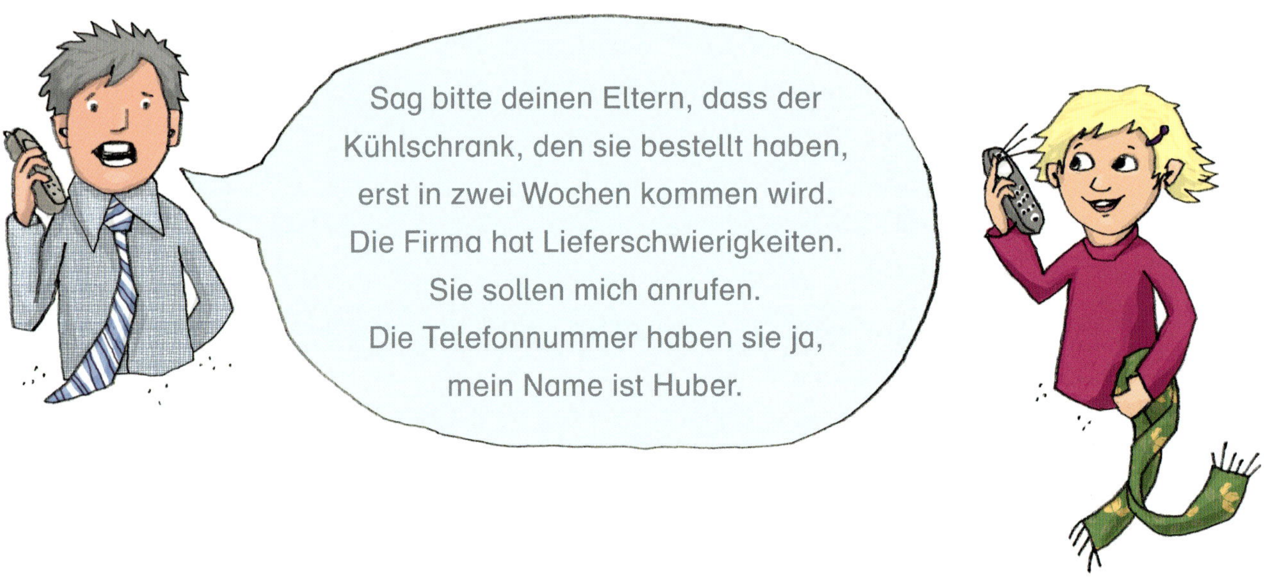

....

....

....

Üben 2

Was meinst du zu dieser Nachricht? Was fehlt?

Mama, ein Mann hat angerufen.

....

....

Üben 3 Schreibe zu den Situationen eine passende SMS.

Vanessa hat den Bus verpasst.
Sie verständigt ihre Freundin.

Nicks Papa ist auf Geschäftsreise.
Nick schickt ihm einen Gute-Nacht-Gruß.

Max hat den Geburtstag seiner Oma vergessen.
Er simst schnell noch einen Glückwunsch.

Einen Brief schreiben

Wissen und Verstehen

Mit einem Brief kannst du jemanden benachrichtigen, einladen, Glückwünsche verschicken und vieles mehr. Wichtige Teile eines Briefes sind:

Ort und Datum, Anrede, Gruß, Unterschrift

Briefe kommen nur mit vollständiger, leserlich geschriebener Adresse und frankiert beim Empfänger an. Auf einen Briefumschlag gehören:

Adresse des Empfängers (Vor- und Nachname, Straße mit Hausnummer, Postleitzahl, Ort), Adresse des Absenders, Briefmarke

Üben

Schreibe einen Brief an deine Großeltern. Du willst sie besuchen. Beachte die Tipps.

....
(Ort und Datum)

....
(Anrede: Liebe, Lieber, Hallo, Hey ...)

....

....

....

....

....

....

....

....
(Gruß: Liebe Grüße, Viele Grüße, Herzliche Grüße, Allerliebste Grüße, Bis bald ...)

....
(Unterschrift)

Anredepronomen:
Sie, Ihnen, Ihr ...
Du, Dir, Ihr, Euch ...

Wissen und Verstehen

Wenn du eine E-Mail senden willst, brauchst du die gültige E-Mail-Adresse des Empfängers. Absender und Datum werden automatisch versendet. In die Betreffzeile schreibst du den Grund für deine E-Mail. Sonst gelten die Regeln und Tipps wie für einen Brief.

Für E-Mail-Schreiber gibt es eine Gefühlssprache:

:-) lachen, fröhlich sein :-(traurig sein :-* Kuss

;-) das war nicht so gemeint :-)) über das ganze Gesicht lachen

Üben

Schreibe eine E-Mail. Erfinde einen Grund dafür oder suche dir einen aus.

Deine Freundin ist krank und du erzählst ihr, wie es in der Schule war.
Du verabredest dich mit deinem Freund zum Schwimmen. Er soll seine Flossen mitbringen.
Du schickst deiner Tante einen Geburtstagsgruß.
Du hast deine Sportsachen bei einem Klassenkameraden liegen lassen und bittest ihn, sie morgen in die Schule mitzubringen.

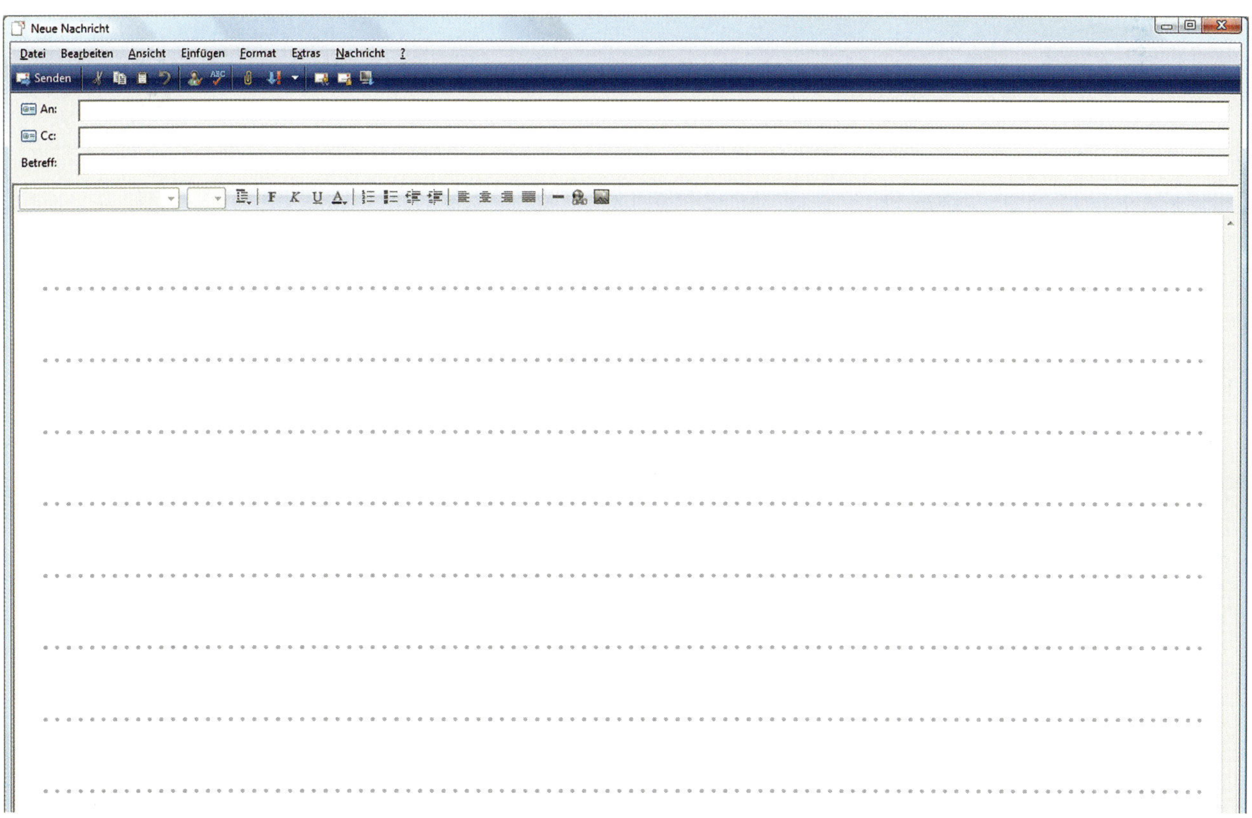

Eine Einladung schreiben

Wissen und Verstehen

In einer Einladung musst du Antworten auf diese Fragen geben:

Was findet statt? Wer lädt ein? Wann? Wo? Wie lange?

Beachte außerdem alle Regeln, die für einen Brief gelten.

Üben 1

Lade mithilfe der Fragen zu einer Wasserschlacht ein.

....

Was findet statt?

....

Wo findet die Veranstaltung statt?

....

Wann findet die Veranstaltung statt? Wie lange dauert sie?

....

Wer lädt ein?

Üben 2

Maren lädt ihre Freundinnen per E-Mail zu ihrer Geburtstagsfeier ein. Streiche durch, was nicht wichtig ist, und schreibe auf, was fehlt.

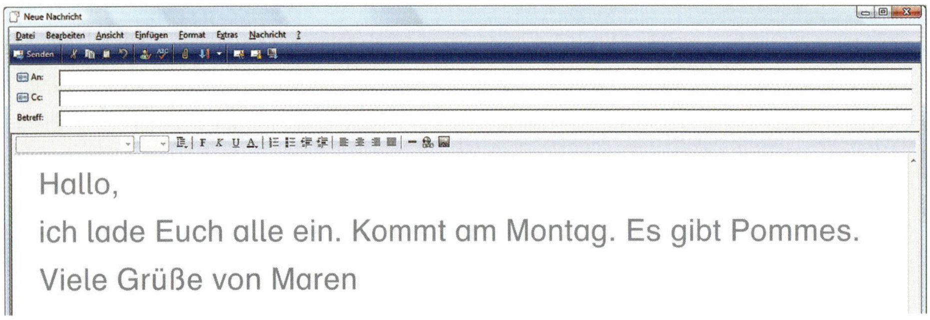

Hallo,

ich lade Euch alle ein. Kommt am Montag. Es gibt Pommes.

Viele Grüße von Maren

Es fehlt: ....

Können – Bist du fit?

Kannst du diese Aufgaben lösen und die Fragen beantworten?

1 Es gibt verschiedene Möglichkeiten, Nachrichten zu hinterlassen oder zu verschicken. Nenne drei.

....

2 Streiche durch, was eine Nachricht nicht enthalten soll.

Gefühle   ausführliche Beschreibungen   wichtige Informationen

3 Kreuze an, wie Nachrichten sein sollen.

☐ kurz und verständlich   ☐ spannend   ☐ lustig und unterhaltsam

4 Was sind die wichtigen Teile eines Briefes?

....

....

5 Für E-Mails gibt es eine Gefühlssprache. Was bedeuten diese Zeichen?

:-) ....

:-(....

:-* ....

6 Was muss in einer Einladung stehen? Kreise ein.

Anlass   Ort   Datum   Essen

Getränke   Anzahl der Gäste   Uhrzeit

Eine Personenbeschreibung vorbereiten

Wissen und Verstehen

Eine Personenbeschreibung muss so geschrieben sein, dass sich die Leserin oder der Leser diese Person gut vorstellen kann. Dazu musst du dir die Person ganz genau anschauen. Treffende Adjektive und Nomen helfen dir dabei, deine Eindrücke zu beschreiben.

Üben 1

Male dich selbst und schreibe Wörter auf, die zu dir passen.

Üben 2

Welche Wörter passen zu deiner Mutter, deinem Vater oder deiner Oma?

Üben 3 Überlege, was du besonders gut kannst und was dir nicht so gut gelingt. Fülle die Tabelle aus.

Kann ich besonders gut	Kann ich nicht so gut
Ich kann	....
....	....
....	....
....	....
....	....
....	....

Üben 4 Schreibe auf, was du besonders gern magst und was du nicht ausstehen kannst.

Treffende Adjektive und Nomen wählen

Üben 5 Lies die Wörter. Markiere die, die besonders gut zu deinem Freund oder deiner Freundin passen.

winzig   Girly   zart   schwabbelig

pummelig   knochig   riesig   Strolch   Riesenkerl

Teeny   zerbrechlich   zierlich   gertenschlank

dürr   putzig   Dreikäsehoch

dünn wie eine Bohnenstange

Winzling   lang   Pummelchen

mollig

Bengel

mager

schlank   Knirps   mickrig

baumlang   schmal   Steppke

Gör   dickbäuchig   schmächtig

plump   hager   gut gepolstert

Frechdachs   massig

kurz geraten   klitzeklein   Fratz   rund   hochgewachsen

stattlich   kleiner Wicht   zwergenhaft

Üben 6 Nimm einen Notizblock, gehe in die Fußgängerzone und beobachte genau, wie die Menschen aussehen und wie sie sich bewegen. Mache dir dazu Notizen.

Eine Wörtersammlung anlegen

Üben 7 Lege eine Wörtersammelung an. Schreibe die Wörter von Seite 14 auf die passenden Karteikarten.

dick

gut gepolstert,

dünn

dünn wie eine Bohnenstange,

groß

stattlich,

klein

schmächtig,

Mädchen

Gör,

Junge

Steppke,

Merkmale benennen

Wissen und Verstehen

Wenn du eine Person beschreibst, nennst du bestimmte Merkmale von ihr. Das können sein: Alter, Geschlecht, Größe, Körperbau, Gesicht oder Haare. Es gibt auch Merkmale, die sich ändern können, z. B. die Kleidung oder besondere Kennzeichen.

Üben

1 Welche Bezeichnungen gehören zu den verschiedenen Merkmalen? Färbe die Kärtchen in den entsprechenden Farben ein.

Körperbau | Gesicht | Besondere Kennzeichen | Kleidung

Hemd | Mund | Vollbart | Arme | Ohren | Nase

Mantel | Pullover | Mütze | Sandalen

Kopfform | Augen

Füße

Stirn | Handschuhe | Gürtel

Figur | Hose | T-Shirt | Schal | Kapuze

Rock | Sweatshirt | Narbe | Augenbrauen | Schultern

Brille

Schnurrbart | Hut | Beine | Turnschuhe

Zahnspange | Kinn | Ohrring | Stiefel

Bauch | Hände | Haut | Hals

Jacke

Schuhe | Socken | Jeans | Kappe

Üben 2 Schreibe zu den Merkmalen Wörter auf, die zu dir passen. Wähle dann aus und beschreibe dich selbst.

Alter: ………………… Geschlecht: ………………… Größe: …………………

Körperbau: ……………………………………………………………

Gesicht: ……………………………………………………………

Haare: ……………………………………………………………

Kleidung: ……………………………………………………………

Besondere Kennzeichen: ……………………………………………

Das bin ich

Ich bin ………………… Jahre alt.

……………………………………………………………

……………………………………………………………

……………………………………………………………

……………………………………………………………

……………………………………………………………

……………………………………………………………

……………………………………………………………

……………………………………………………………

……………………………………………………………

……………………………………………………………

……………………………………………………………

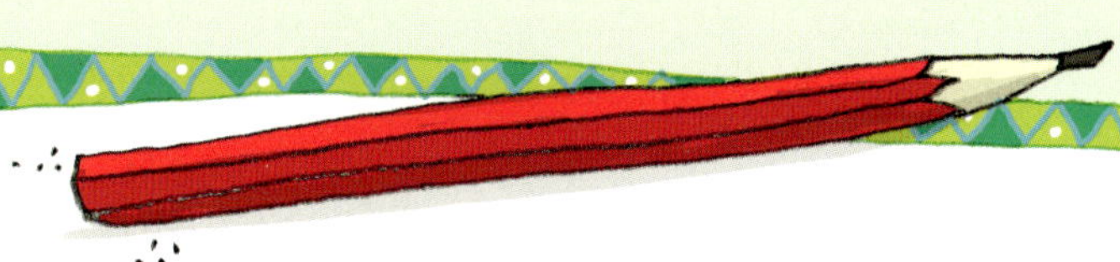

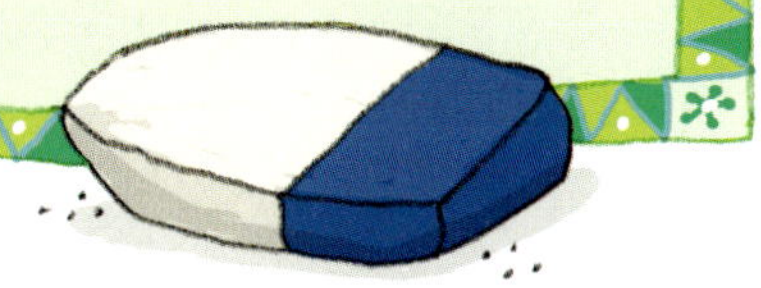

Ein Tier beschreiben

Wissen und Verstehen

Wenn ein Tier weggelaufen ist, kann man es manchmal mit einer Vermisstenanzeige wiederfinden. Darin müssen die wichtigsten Merkmale des Tieres genannt und möglichst knapp beschrieben werden, vor allem auch seine besonderen Kennzeichen. Auch bei der Anschaffung eines Tieres hilft eine genaue Beschreibung.

Üben

1 Schau dir das Bild genau an. Schreibe einen Steckbrief zu diesem Kater.

dick, grau, lang gestreckt, lang, schlank, kurz, weiß, spitz, goldgelb

oval, rund, buschig, kantig, breit, dünn, dicht, schwarz, flach, türkis, schmal

Wir vermissen Oskar!

Körperbau: schlank, lang gestreckt ....

Fell: ....

Beine/Pfoten: ....

Schwanz: ....

Kopf: ....

Augen: ....

Schnauze: ....

Ohren: ....

Besondere Kennzeichen: ....

Eine Tierbeschreibung untersuchen

Üben 2 Florian wünscht sich einen Hund. Er wohnt mit seinen Eltern in einem Mietshaus im vierten Stock. Die Wohnung ist nicht sehr groß. Seine Eltern werden nicht viel Zeit für den Hund haben. Florian muss sich um den Hund kümmern.
Welchen Hund schlägst du Florian vor? Begründe.

Berner Sennenhund

Körperbau: groß, massig, kräftig
Größe/Höhe: bis zu 70 cm
Gewicht: 50 kg und mehr
Fell: lang, dicht, an manchen Stellen leicht gewellt; verliert, wenn er nicht regelmäßig gebürstet wird, viele Haare
Eigenschaften: gutmütig, freundlich, ein beliebter Familienhund

Heißes Wetter macht ihm zu schaffen, kühle Temperaturen gefallen ihm besser. Er braucht viel Bewegungsfreiheit, aber Treppen sollte er, wie andere große Hunderassen auch, nicht oft steigen. Er bekommt davon leicht Gelenkprobleme.

Zwergschnauzer

Körperbau: klein, quadratisch
Größe/Höhe: bis zu 35 cm
Gewicht: zwischen 4 und 8 kg
Fell: nicht sehr lang, dicht
Eigenschaften: aufmerksam und folgsam, freundlich

Kann auch in einer kleinen Wohnung gehalten werden, wenn er genügend Auslauf und Zuwendung hat.

Ich schlage Florian den .... vor, weil ....

....

....

....

Wörter für eine Anleitung sammeln

Wissen und Verstehen

Mit einer Anleitung wird erklärt, wie etwas zubereitet oder hergestellt wird. Dazu musst du sehr genau angeben und beschreiben, welche Geräte oder Werkzeuge, welche Zutaten oder welches Material man dazu braucht und was zu tun ist. Fachbegriffe helfen dir, dich genau auszudrücken.
Anleitungen zum Kochen oder Backen nennt man Rezepte. Diese Abkürzungen werden in Rezepten oft benutzt:

EL = Esslöffel TL = Teelöffel Pck = Päckchen °C = Grad Celsius
g = Gramm kg = Kilogramm ml = Milliliter

Üben

1 Schau einmal deiner Mutter oder deinem Vater beim Kochen zu. Beobachte genau und schreibe auf.

Welche Geräte benutzen sie?

....

....

Welche Zutaten verwenden sie?

....

....

Was tun sie?

....

....

Üben 2 Welche Werkzeuge und Arbeitsgeräte, welche Zutaten und welches Material gehören zu welcher der beiden Anleitungen? Ordne zu und markiere in der passenden Farbe.

Anleitung zum Bau einer Kartoffelkönigin

Anleitung zur Herstellung von Kartoffelbrei

Schere

5 Zahnstocher

Klebstoff

Gewürznelken oder Pfefferkörner

Messer

50 g Butter

60 ml Milch

1 große, gut gewachsene Kartoffel und 1 kleine Kartoffel

Schneebesen

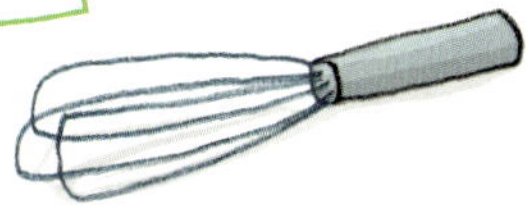

Kochtopf

Goldpapier

Kartoffelschäler

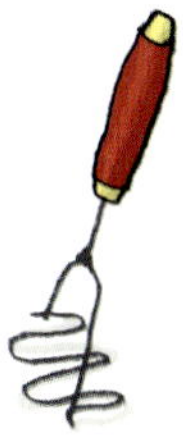

Stoffreste

schwarzer Stift

Kartoffelstampfer

500 g mehlig kochende Kartoffeln

2 Rosinen

Messer

Treffende Verben verwenden

Üben 3 Vermute, zu welcher Anleitung die verschiedenen Tätigkeiten gehören. Ordne zu und fülle die Tabelle aus.

abschneiden aufmalen hineinstecken Wasser abgießen waschen

durchschneiden umbinden zerdrücken zugedeckt kochen festkleben

feststecken schälen hineindrücken halbieren unterrühren

Kartoffelkönigin	Kartoffelbrei
abschneiden	halbieren

Üben 4 Kartoffeln gibt es auf der ganzen Welt. Verbinde jedes Wort mit der richtigen Flagge.

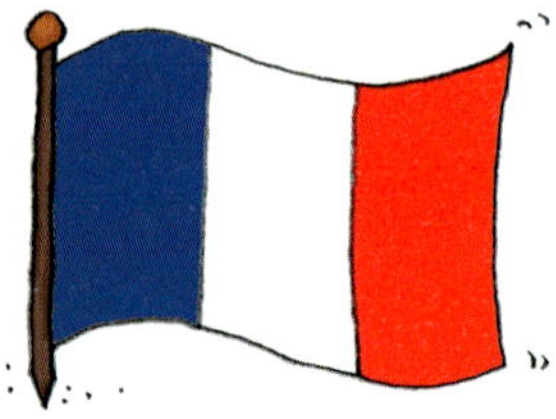

potatoes patates pommes de terre ziemniaki

Wissen und Verstehen

Damit jemand nach deiner Anleitung etwas ausführen kann, musst du die Reihenfolge der Arbeitsschritte genau aufschreiben. Dabei ist es wichtig, dass du dich knapp und trotzdem verständlich ausdrückst, also alles Überflüssige weglässt.

Üben 1

Nummeriere die Arbeitsschritte zur Herstellung von Kartoffelbrei.

Kartoffeln waschen und schälen

Kartoffeln mit Wasser aufsetzen und zugedeckt 20 Min. kochen lassen

Mit einem Schneebesen die Milch unterrühren

Mit einem Kartoffelstampfer die Kartoffeln und Butterstücke zerdrücken

Kochwasser abgießen

Kartoffeln halbieren

In einer Schüssel servieren

Eine Kochanleitung aufschreiben

Üben 2 Du schreibst einer Freundin oder einem Freund Schritt für Schritt auf, wie Kartoffelbrei gemacht wird. Verwende dabei die Befehlsform.

Kartoffelbrei

Zutaten: 500 g mehlig kochende Kartoffeln, ...

....

Geräte: ....

....

Arbeitsschritte:

1. Wasche und schäle ....
2. ....
3. ....

....

4. ....
5. ....

....

6. ....
7. ....

Üben 3 Was isst du gern als Beilage zu Kartoffelbrei?

....

Können – Bist du fit?

Kannst du diese Aufgaben lösen und die Fragen beantworten?

1 Kreuze die Merkmale für eine Personenbeschreibung an.

☐ Körperbau ☐ Fell ☐ Kleidung ☐ Schnauze ☐ Geschlecht

2 Nenne jeweils drei Wörter, die die gleiche Bedeutung haben.

klein: ....

groß: ....

3 Bestimme die drei Gliederungspunkte eines Rezeptes. Male an.

Zutaten | Zubereitung | Lieblingsspeise | Geräte | Vorräte

4 Kreuze an, was richtig ist.

☐ Ein Schneebesen ist ein Besen, mit dem man Schnee kehrt.

☐ Ein Schneebesen ist ein Küchengerät.

☐ Einen Schneebesen braucht man zum Schneemannbauen.

5 Wie heißen die Geräte? Beschrifte.

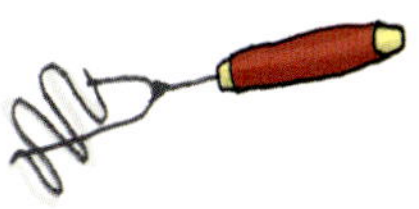

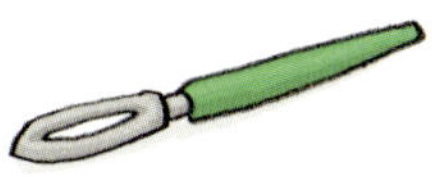

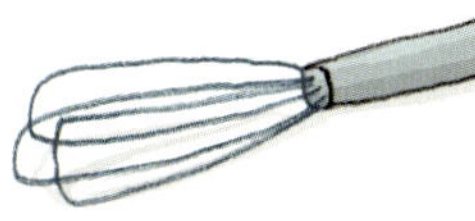

....

6 Schreibe auf, wie das Wort **Kartoffeln** in den verschiedenen Sprachen heißt.

englisch: .... französisch: ....

türkisch: ....

Sachlich bleiben

Wissen und Verstehen

In einem Bericht werden Ereignisse sachlich dargestellt. Ein Bericht muss wahr sein. Eigene Meinungen und Gefühle gehören nicht dazu.

Üben Clara kommt mit blutigen Schrammen an beiden Händen ins Klassenzimmer. Sie hatte einen Unfall. Die Klassenlehrerin lässt sich berichten. Die Kinder rufen durcheinander. Streiche alle Äußerungen durch, die nicht sachlich sind.

Wissen und Verstehen

Ein Bericht soll knapp, aber genau sein. Er wird nach wichtigen Fragen gegliedert. Wenn du über etwas Vergangenes berichtest, dann schreibst du in der Vergangenheitsform.

Üben

1 Schau dir die Bilder an und beantworte dann die Fragen.

Wann passierte der Unfall? ....

Wer war an dem Unfall beteiligt? ....

Wer war Zeuge? ....

Wo passierte es? ....

Wie geschah es? ....

....

....

Was war die Folge? ....

....

In der Vergangenheitsform schreiben

Üben 2 Ergänze den Bericht. Setze dazu die passenden Verben in der Vergangenheitsform ein.

helfen   spazieren gehen   feststellen   ausschlagen
kriechen   treffen   liegen bleiben   herumspringen

Gestern .... ich mit Flecks, meinem kleinen Hund, in den Feldern vor der Stadt .... Flecks .... unter dem Gatter auf die Pferdekoppel und .... hektisch um die Pferde .... Ein Pferd .... und .... Flecks so, dass er regungslos .... Andere Spaziergänger .... mir, meinen Hund aus der Koppel zu holen. In der Tierklinik .... die Ärzte Rippenbrüche und Schwellungen ....

Üben 3 Berichte von einem Unfall, den du einmal beobachtet oder erlebt hast. Denke an die Fragen, die dabei beantwortet werden müssen.

....

....

....

....

Üben 4 Suche in der Zeitung Unfallberichte. Überprüfe, ob sie so aufgebaut sind, wie du es gelernt hast.

Können Bist du fit?

Kannst du diese Aufgaben lösen und die Fragen beantworten?

1 Auf welche Fragen sollte ein Bericht Antworten geben? Kreuze an.

- ☐ Wo passierte das Ereignis?
- ☐ Wer war beteiligt?
- ☐ Was ist deine Meinung dazu?
- ☐ Wie haben sich die Menschen gefühlt?
- ☐ Wann passierte es?
- ☐ Was geschah?
- ☐ Was war die Folge?

2 Du findest in diesem Rätsel heraus, wie ein Bericht geschrieben sein soll. Schreibe auf.

S	E	L	B	R	U	O	I
L	W	U	A	K	R	E	V
S	A	C	H	L	I	C	H
I	H	K	N	A	P	P	O
M	R	L	W	R	A	L	L

....

....

....

....

3 Welche Sätze passen nicht in einen Bericht? Streiche durch.

Der Radfahrer fuhr trotz Rotlicht über die Kreuzung.

Der Autofahrer bremste, kam aber zu spät zum Stehen.

Das war leichtsinnig.

Vielleicht hat er sich ablenken lassen.

4 Warum wird ein Bericht in der Vergangenheitsform geschrieben? Begründe.

Ich schreibe einen Bericht in der Vergangenheitsform, weil

....

Einen Sachtext vorbereiten

Wissen und Verstehen

Wenn du andere mit einem Text über ein Thema informieren willst, dann musst du darüber genau Bescheid wissen und zunächst Informationen sammeln. Dafür kannst du verschiedene Möglichkeiten nutzen, z. B. die Schul- oder Stadtbücherei oder das Internet.

Üben 1

Kreuze an, wo du dich informierst.

	oft	manchmal	gar nicht
Lexikon			
Sachbuch			
Schulbuch			
Eltern			
Experte			
Internet			

Üben 2

Gibt es Themen, über die du gerne einmal einen Text schreiben würdest? Schreibe sie in deinen Themenspeicher.

Mein Themenspeicher

Wissen und Verstehen

Um einen Sachtext zu verstehen, musst du ihn aufmerksam durchlesen. Wörter, die du nicht verstehst, schlägst du nach. Wichtige Informationen unterstreichst du. Fragen, die du dir zu einem Text ausdenkst, helfen dir ebenfalls, ihn zu verstehen.

Üben

1 Markiere zuerst die Wörter, die du nicht kennst. Schreibe sie auf und schlage ihre Bedeutung nach. Unterstreiche die wichtigen Informationen.

Der Hubschrauber

Der Hubschrauber oder Helikopter wurde in den 1930er-Jahren in Deutschland entwickelt. Er ist das Flugzeug, das man am vielseitigsten verwenden kann: Der Hubschrauber kann senkrecht starten und landen und braucht keine große Landepiste. Hubschrauber können in alle Richtungen fliegen und haben statt zweier Tragflächen einen Rotor, der gleichzeitig die Rolle der Tragflächen und des Propellers übernimmt. Der Pilot steuert den Hubschrauber, indem er den Anstellwinkel der Rotorblätter verändert. Wenn ein Hubschrauber nur einen großen Rotor besitzt, braucht er am hinteren Ende noch eine zusätzliche Heckschraube, sonst würde er sich dauernd um die eigene Achse drehen. Wenn sich zwei Hauptrotoren jedoch in entgegengesetzter Richtung drehen, ist die Heckschraube überflüssig.

Diese Wörter schlage ich nach: ....

....

Diese Informationen sind wichtig: ....

....

....

....

....

Fragen zu einem Text beantworten

Üben 2 Lies den Text über den Hubschrauber noch einmal und beantworte die Fragen.

Wann wurde der Hubschrauber in Deutschland entwickelt? Wie alt ist er?

....

Was kann ein Hubschrauber?

....

....

Ein Hubschrauber hat keine Tragflächen, obwohl er ein Flugzeug ist.
Was hat er stattdessen?

....

Wie steuert der Pilot einen Hubschrauber?

....

....

Welchen Namen kennst du noch für Hubschrauber?

....

Üben 3 Informiere dich, wie ein Hubschrauber aussieht. Zeichne ihn.

Üben 4 Schreibe zu den Stichwörtern eigene Sätze.

vor 80 Jahren | entwickelt | vielseitig | keine Landepiste

senkrecht starten | in alle Richtungen fliegen | keine Tragflächen

Rotor | steuern | Rotorblätter verändern

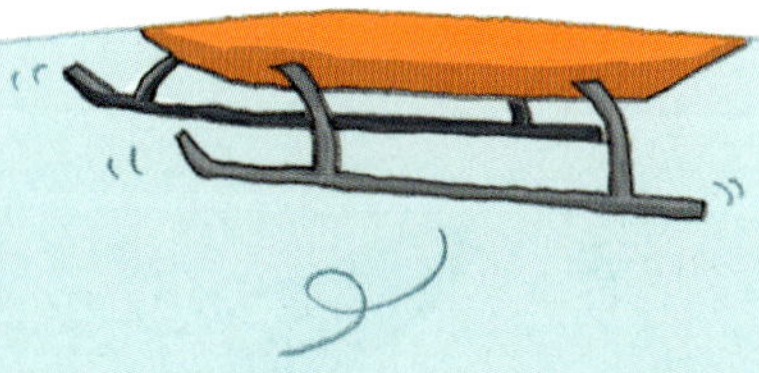

Der Hubschrauber

Der Hubschrauber wurde vor ungefähr .... Jahren entwickelt.

Sich genau ausdrücken

Wissen und Verstehen

Mit treffenden Verben und Nomen gelingt es dir, genau das zu sagen, was du meinst. Das ist für einen Sachtext sehr wichtig.

Üben 1

Suche möglichst viele Wörter für **fliegen** und schreibe sie auf.

Üben 2

Schreibe die richtigen Bezeichnungen der Fluggeräte auf. Verbinde sie dann mit dem passenden Verb.

....	gleitet
....	wirbeln
....	schwirren
....	schwebt
....	flattert
....	segelt

Kannst du diese Aufgaben lösen und die Fragen beantworten?

1 Schreibe auf, wo du dich über ein Sachthema informieren kannst.

2 Welche Informationen sind in diesen Sätzen wichtig? Markiere sie.

In Deutschland müssen alle Kinder zur Schule gehen; das nennt man Schulpflicht.

Nach vier Jahren Grundschule besucht jedes Kind eine weiterführende Schule.

In den öffentlichen Schulen muss man kein Schulgeld bezahlen.

3 Streiche durch, was nicht stimmt.

Stichwörter sind Wörter, die stechen.

Stichwörter sind wichtige Wörter, die man sich notiert.

Stichwörter sind Wörter, die man sich als Gedächtnisstütze notiert.

4 In welcher Reihenfolge bereitest du dich auf das Schreiben eines Sachtextes vor? Nummeriere.

- Ich schreibe zu den Stichwörtern eigene Sätze.
- Wörter, die ich nicht verstehe, schlage ich nach.
- Ich unterstreiche in einem Informationstext wichtige Wörter und schreibe sie auf.
- Ich sammle Informationen.

5 Schreibe vier Ersatzwörter für **fliegen** auf.

Zu Bildern erzählen

Wissen und Verstehen

Wenn du ein Bild anschaust, siehst du nur, was gerade passiert. Du kannst dir aber überlegen, was sich vor diesem Augenblick ereignet hat und was danach geschieht. So entsteht eine Geschichte, die hinter dem Bild steckt.

Üben

Schau dir die Bilder genau an. Überlege, was vorher geschehen ist und was danach geschehen könnte. Schreibe zu jedem Bild mindestens vier Sätze.

....

....

....

....

....

....

....

....

....

....

....

....

....

....

....

....

Wissen und Verstehen

Wenn du zu einer Bildfolge eine Geschichte schreiben willst, müssen die Ereignisse in der richtigen Reihenfolge erzählt werden. Du beschreibst dabei nicht nur die einzelnen Bilder, sondern ergänzt auch, was zwischen den Bildern passiert.

Üben

Hier sind zwei Bildergeschichten durcheinandergeraten. Nummeriere die Bilder jeder Geschichte in der richtigen Reihenfolge. Wähle dafür zwei verschiedene Farben.

Fragen zu den Erzählschritten stellen

Wissen und Verstehen

Eine Bildergeschichte musst du so aufschreiben, dass eine Leserin oder ein Leser sie auch ohne Bilder versteht. Dabei helfen dir Fragen zu den einzelnen Erzählschritten: Wo spielt die Geschichte? Wann spielt die Geschichte? Welche Personen kommen vor? Was passiert (auch vor und zwischen den Bildern)? Wie endet die Geschichte?

Üben

Beantworte die Fragen zu der Bildergeschichte.

Wo und **wann** spielt die Geschichte? ....

Wer spielt in der Geschichte mit? ....

Welche Namen haben der Junge und der Hund? ....

Was passiert? ....

....

....

....

....

Wie endet die Geschichte? ....

....

Wissen und Verstehen

Lebendiger wird eine Geschichte, wenn du treffende Verben verwendest und außerdem ausdrückst, was die Personen sagen, denken und fühlen. Auch abwechslungsreiche Satzanfänge machen eine Geschichte interessanter.

Üben 1

Wer sagt oder denkt was? Ordne zu, indem du mit den Kärtchen verbindest.

Ein Hund gehört nicht ins Bett.

Ach du liebe Zeit.

Lasst ihn bitte, bitte schlafen. Er sieht so süß aus.

Ob sie mich wirklich runterjagen? Hier ist es so gemütlich.

ruft Papa

schimpft Mama

bettelt ....

überlegt ....

Üben 2

Schreibe die Wörter für **sagen** geordnet auf.

rufen murmeln poltern schreien schimpfen johlen flüstern
wettern wispern zetern kreischen tuscheln brüllen nuscheln wüten

laut sagen: ....

....

leise sagen: ....

....

wütend sagen: ....

....

Satzanfänge verändern

Üben 3 Ersetze **und dann** durch passende Satzanfänge. Schreibe sie darüber.

bald darauf | sofort | endlich | zuletzt | hinterher | in diesem Augenblick | gleich darauf | einige Minuten später | schließlich | ungefähr eine Stunde später

Bettentausch

Es war der Kinotag von Liliths und Patricks Eltern. Lilith wollte auf ihren kleinen Bruder aufpassen, weil Oma Heidi abgesagt hatte. Die Eltern verabschiedeten sich und winkten noch einmal, bevor sie aus der Tür gingen. ~~Und dann~~ Bald darauf nahm Lilith ihren kleinen Bruder an der Hand und brachte ihn in sein Bett. Sie holte sein Schmusetier und legte es ihm in den Arm. Und dann las sie Patrick vor. Und dann schlief Patrick ein. Und dann verzog sich Lilith auch in ihr Bett. Und dann hörte Lilith einen lauten Schrei. Und dann sprang sie aus dem Bett. Patrick hatte furchtbar schlecht geträumt. Sein Traum war so unheimlich, dass es Lilith selbst mit der Angst zu tun bekam. Und dann legten sich beide einfach ins Bett der Eltern. Dort war es gemütlich und roch nach Mama und Papa. Und dann kamen die Eltern heim. Sie waren sehr überrascht, dass ihr Bett bereits besetzt war.

Wissen und Verstehen

Wenn du selbst eine Geschichte schreiben willst, hilft es dir, zuerst viele Ideen zu deinem Thema zu sammeln und sie in Stichwörtern aufzuschreiben. W-Fragen helfen dir dabei (Wer …? Warum …? Was …? Wohin …?).

Üben 1

Schau dir das Bild genau an. Schreibe in Stichwörtern auf, was dir dazu einfällt.

....

....

....

....

....

....

Üben 2

Informiere dich, womit Luftballons gefüllt sein müssen, um weit fortfliegen zu können.

Schreibideen finden

Üben 3 Was fällt dir zu den Fragen ein? Schreibe auf.

Warum sind die Kinder auf der Wiese? ....

....

Wohin sollen die Luftballons fliegen? ....

....

Was steht auf den Schildchen? ....

....

Wer könnte die Luftballons finden? ....

....

....

Bekommen die Kinder eine Antwort und wenn ja, **welche?** ....

....

....

Was könnte schiefgehen? **Was** kann der Wind mit den Ballons anstellen? ....

....

....

....

Wer hilft den Kindern? ....

....

Wissen und Verstehen

Eine Geschichte wird nur verständlich, wenn du deine Einfälle ordnest und sie in der richtigen Reihenfolge hintereinander aufschreibst. So aufgebaut hat deine Geschichte einen roten Faden.

Üben

Bringe die Ideen für die Geschichte in die richtige Reihenfolge, indem du sie nummerierst.

- [ ] Jedes Kind erhielt einen Ballon und ein Adressenschildchen. Das musste an die Schnur geknüpft werden. Die Kinder ließen die Luftballons fliegen.
- [ ] Lissi hatte zu ihrer Geburtstagsparty sechs Kinder eingeladen und mit ihrer Mutter eine Überraschung vorbereitet. Dafür gingen alle ihre Gäste in den Stadtpark.
- [ ] Dort stand schon Cems Vater mit einem Bündel großer blauer aufgeblasener Luftballons.
- [ ] Nach Wochen kam eine Antwort.
- [ ] Da kam ein kräftiger Windstoß von der Seite. Einige der Luftballons wurden in die Baumkrone getrieben und blieben hängen. Cems Vater stieg mit seinem Sohn auf den Baum und konnte viele befreien. Einen der Ballons konnten sie nicht erreichen. Er hing zu hoch im Geäst. Welchem Unglücksraben gehörte der wohl?

Erzählen

Den Hauptteil gestalten

Wissen und Verstehen

Im Hauptteil einer Geschichte erzählst du ausführlich, was passiert. Spannend und interessant wird dieser Teil, wenn du treffende Wörter wählst und genau aufschreibst, was die Personen in deiner Geschichte sagen, denken und fühlen.

Üben

1 Schreibe auf, was die Personen sagen, denken, fühlen. Die Auswahl hilft dir dabei.

Meiner fliegt bestimmt in die Türkei!

Vielleicht fliegt meiner sogar nach Afrika!

Oh Schreck, mein Luftballon bleibt in den Ästen hängen!

Meiner auch!

Eine schöne Bescherung!

Das darf doch nicht wahr sein!

Ganz ruhig, wir schaffen das schon. Komm, Cem, wir steigen auf den Baum.

Uff, meiner hats geschafft.

Hoffentlich ist meiner nicht da oben hängen geblieben!

Stimmungen ausdrücken

Üben 2 Welche Nomen, Adjektive und Verben passen zu den Gefühlen von welchem Kind? Kreise in der passenden Farbe ein.

jauchzen
wie ein Häufchen Elend
wunschlos glücklich
geknickt
weinen
sich freuen
niedergeschlagen
sich wie ein Schneekönig freuen
untröstlich
traurig
seufzen
froh
fröhlich
begeistert
happy
ausgelassen
Glückskind
schluchzen
todtraurig
strahlen
zum Heulen zumute sein
beschwingt
heiter
vor Freude an die Decke springen
Pechvogel
enttäuscht
unglücklich
Unglücksrabe
Glückspilz
den Kopf hängen lassen
glücklich
außer Rand und Band
vergnügt
am Boden zerstört
nicht gut drauf sein

Üben 3 Wie fühlst du dich gerade? Schreibe auf.

....

....

....

Treffende Nomen wählen

Üben 4

Schreibe die Bezeichnungen für **Wind** geordnet auf.

der Wirbelwind · die Brise · der Durchzug · der Orkan · die Böe

die Zugluft · der Mistral · der Hurrikan · der Luftstrom · der Monsun

der Lufthauch · der Fahrtwind · der Wirbelsturm · der Sturm · der Schirokko

das Lüftchen · der Föhn · der Windstoß · der Sturmwind · der Taifun

schwacher Wind

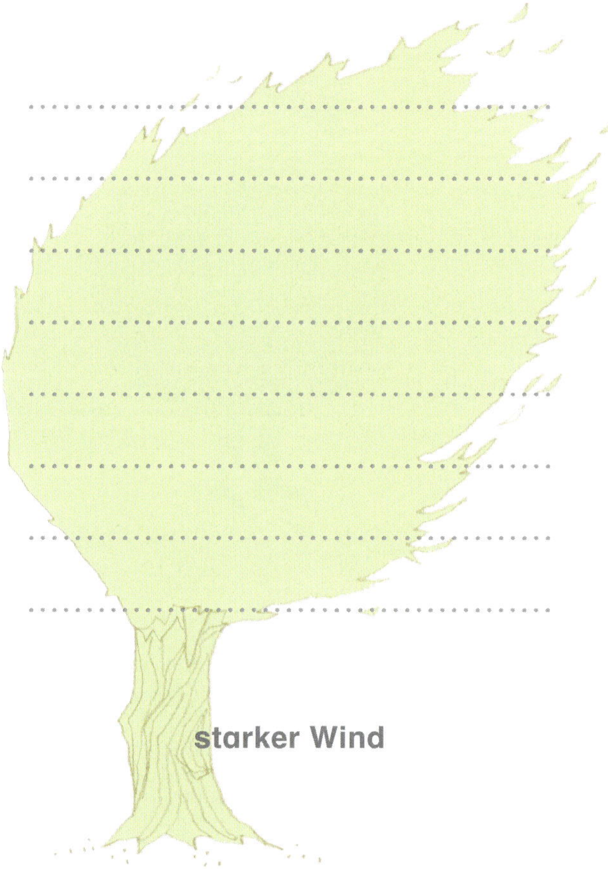

starker Wind

Üben 5

Wie bezeichnet man den Wind aus den verschiedenen Himmelsrichtungen?

Der Wind aus dem Süden heißt ... .

Der Wind aus dem Osten heißt ... .

Der Wind aus dem Norden heißt ... .

Der Wind aus dem Westen heißt ... .

Wissen und Verstehen

Die Einleitung einer Geschichte soll kurz sein. Trotzdem soll die Leserin oder der Leser erfahren, wann und wo die Geschichte spielt und wer die Hauptpersonen sind.
Am Schluss ist es wichtig, dass man erfährt, wie die Geschichte ausgeht.

Üben

1 Welche Einleitung wählst du für die Luftballongeschichte? Kreuze an und begründe.

☐ Lissi freute sich schon wochenlang auf ihren Geburtstag. Sie zählte die Tage und dann auch die Stunden. Endlich war der Tag da. Schon früh morgens war sie auf den Beinen. Sie konnte es gar nicht erwarten, bis ihre Eltern sie schließlich zu ihrem Geburtstagstisch riefen. Für den Nachmittag hatte sie Kinder eingeladen. Sie hätte gern mehr Kinder eingeladen, aber zu Hause war nicht genügend Platz für alle. Mit ihrer Mutter hatte sie eine Überraschung für ihre Geburtstagsgäste vorbereitet.

☐ Lissi hatte zu ihrem Geburtstag sechs Kinder eingeladen. Cem, ihren Tischnachbarn, Paula und Sonja, die Zwillinge, ihre Cousine Fanny, ihren Cousin Max und Tina aus der Sportgruppe. Nachdem alle Geschenke ausgepackt, die Muffins verzehrt und die Gläser ausgetrunken waren, kündigte Lissi eine Überraschung an. Sie hatte sie mit ihrer Mutter für ihre Gäste vorbereitet. Dafür machten sich alle miteinander auf in den Stadtpark.

☒ Lissi hatte zu ihrer Geburtstagsparty sechs Kinder eingeladen und mit ihrer Mutter eine Überraschung vorbereitet. Dafür gingen sie mit allen Gästen in den Stadtpark.

Ich finde die Einleitung passend, weil ....

....

Einen passenden Schluss schreiben

Üben **2** Wie könnte die Luftballongeschichte ausgehen? Denke dir einen Schluss aus. Die Fragen helfen dir dabei.

In welche Himmelsrichtung ist der Luftballon geflogen? ....

Wohin ist der Luftballon geflogen? ....

Über welche Länder ist der Luftballon geflogen? ....

Wo wurde der Luftballon gefunden? ....

Wer hat den Luftballon gefunden? ....

Was stand auf der Antwort? ....

....

Wurde nur ein oder wurden mehrere Luftballons gefunden? ....

Warten die Kinder vielleicht heute noch auf eine Antwort? ....

Nach Wochen endlich ....

....

....

....

....

....

....

Wissen und Verstehen

Eine Geschichte wird meistens in der Vergangenheit erzählt. Bei einer ganz besonders spannenden Stelle kannst du auch in die Gegenwartsform wechseln. Das ist aber die Ausnahme.

Üben

Unterstreiche alle Verben und schreibe sie, wenn nötig, verbessert an den Rand.

Elena schrieb die letzte Mathearbeit vor den Ferien. ....
Sie hatte viel geübt und ~~fühlt~~ sich gut fühlte
vorbereitet. Konzentriert und aufmerksam ....
arbeitet sie vor sich hin. Da stieß sie ....
mit dem Fuß gegen eine Streichholzschachtel. ....
Sie lässt sie auf dem Boden liegen, weil sie ....
mit ihren Aufgaben noch nicht fertig war. ....
Dann packte Elena aber doch die Neugierde. ....
Schnell hebt sie die Schachtel auf und öffnet ....
sie vorsichtig. Ein Briefchen lag darin. ....
An der Schrift erkennt sie sofort den Absender. ....
Als sie es lesen wollte, kam ihre Lehrerin auf ....
sie zu. Sie will wissen, was Elena während ....
der Mathearbeit unter dem Tisch zu suchen hatte. ....
Elena wird rot. Dieser Brief sollte nicht in falsche ....
Hände kommen. Er war von Joscha. ....

Erzählen

Eine Überschrift finden

Wissen und Verstehen

Die Überschrift deiner Geschichte soll die Leserinnen und Leser neugierig machen. Sie darf aber nicht zu viel verraten.

Üben 1

Lies die Geschichte über Elena auf Seite 49 noch einmal und wähle eine passende Überschrift aus. Kreuze an.

- ☐ Elena erhält einen Liebesbrief
- ☐ Der Brief
- ☐ Die Mathearbeit
- ☐ Mitten in der Mathearbeit
- ☐ Elena wird rot
- ☐ Verliebt?

Üben 2

Zu welcher Überschrift würdest du gerne eine Geschichte hören oder erzählen? Kreuze an.

	Ja	Nein
Ein Bär reißt aus		
Eins zu null für Leon		
Oma im Tor		
Gefahr im Watt		
Ein verregneter Tag		
Eine Geburtstagsüberraschung		
Bär Bor und der Wasserdrache Ichti		

Können Bist du fit?

Kannst du diese Aufgaben lösen und die Fragen beantworten?

1 Eine Geschichte besteht aus vier Teilen. Nenne sie.

....

2 Ergänze die Teile einer Geschichte und ihre jeweilige Aufgabe.

Die .... macht ....

Die .... gibt an, welche ....

....

Der .... erzählt ausführlich, was ....

Der .... erzählt kurz, wie ....

3 In welcher Zeitform werden Geschichten meistens erzählt?

....

4 Kreuze an.

Eine Geschichte wird spannend und interessant, wenn ich ...

- [ ] möglichst lang schreibe.
- [ ] schreibe, was die Personen sagen, denken und fühlen.
- [ ] möglichst kurz schreibe.
- [ ] treffende Adjektive, Nomen und Verben auswähle.
- [ ] möglichst richtig schreibe.
- [ ] abwechslungsreiche Satzanfänge verwende.

5 Nenne mindestens vier Ersatzwörter für **fröhlich**.

....

Abschlusstest

Löse zuerst alle Aufgaben.
Kontrolliere deine Ergebnisse im Lösungsteil.
Male zu jeder Aufgabe nach der Kontrolle die Ampel so an:

 Hier ist alles richtig.

 Ich habe noch einige Fehler gemacht.

 Das übe ich noch einmal.

Bei den Aufgaben, deren Ampel rot ist, hast du noch Probleme. Schau dir deshalb nochmals die dazugehörigen Seiten vorne im Heft an. Das Zeichen unter der Ampel hilft dir dabei.

Aufgabe 1 Die Klasse 3 a lädt die Eltern und Geschwister zu einer Bücherpräsentation ein. Lies den Text und beantworte die Fragen. Setze die passenden Buchstaben für Ja (J) und Nein (N) in die Kästchen ein.

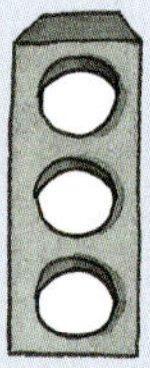

Ravensburg, 27. Juni

Liebe Eltern, liebe Geschwister,

wir laden Euch herzlich zu einer Bücherpräsentation ein. Dabei werden wir Euch die Bücher vorstellen, die uns bei unserem Leseprojekt am besten gefallen haben.

Sie findet statt:
am Freitag von 16.00 bis 17.30 Uhr
in unserer Schule.
Anschließend gibt es für alle, die Zeit und Lust haben, noch eine Kleinigkeit zu essen und zu trinken.

Wir freuen uns auf Euch!
Eure Klasse 3 a

- Hat die Einladung eine Anrede?
- Erfährst du, wer einlädt?
- Steht in der Einladung, was genau stattfindet?
- Erfährst du, wann die Veranstaltung genau stattfindet?
- Weißt du, wo genau sie stattfindet?

➲ siehe Seite 10

Aufgabe 2 Sina schreibt für ihre Freundin auf, wie man Rühreier macht. Lies den Text und beantworte die Fragen.

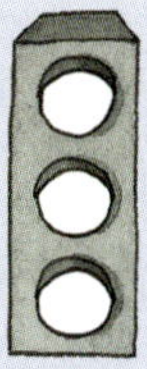

Rühreier

Zutaten: 40 g Butter, 6 EL Milch, Pfeffer, Salz

Geräte/Zubehör: Schneebesen, Pfannenheber

- Eier-Milch-Mischung in die Pfanne fließen lassen
- Eier aufschlagen und in eine Schüssel geben
- Eier mit Milch, Salz und Pfeffer verrühren
- In einer Pfanne die Butter erhitzen
- In der Pfanne braten, bis keine Flüssigkeit mehr da ist
- Rührei mit einem Pfannenheber vom Pfannenboden lösen
- Auf einem Teller servieren

a) Wurden alle Zutaten genannt? Welche fehlen? Schreibe sie auf.

....

b) Ist das Zubehör vollständig angegeben? Was fehlt? Notiere.

....

c) Stimmt die Reihenfolge der Arbeitsschritte? Schreibe die richtige Nummerierung in die Kästchen.

➲ siehe Seite 20, 23

Aufgabe 3 Evis Mutter wird Zeugin eines Unfalls und schreibt einen Bericht für die Polizei. Lies den Text und beantworte die Fragen.

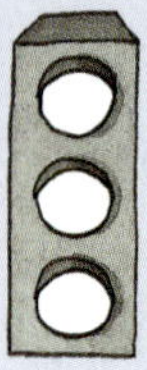

Was für eine komische Geschichte! Ich stehe mit meiner Tochter vor der Tür an den Mülltonnen, als Herr Münch mit seinem roten Oldtimer rückwärts aus seiner Einfahrt auf die Straße fuhr. Gleichzeitig und ebenfalls rückwärts fährt unsere doofe Nachbarin aus ihrer gegenüberliegenden Hofeinfahrt. Beide gucken rechts und links nach dem Verkehr, aber nicht nach hinten. In der Mitte der Straße stoßen die beiden Autohecks mit Karacho aufeinander. An beiden Fahrzeugen entstand großer Schaden. Verletzt wurde niemand. Um die Karre unserer Nachbarin ist es ja nicht schade, aber um Herrn Münchs Oldtimer kann es einem schon leidtun.

a) Gibt der Bericht Antwort auf die folgenden Fragen? Kreuze an.

Wer genau waren die Unfallpartner?	☐ Ja	☐ Nein
Wann ist der Unfall geschehen?	☐ Ja	☐ Nein
Wo fand der Unfall statt?	☐ Ja	☐ Nein
Was ist geschehen?	☐ Ja	☐ Nein

b) Streiche im Bericht alle persönlichen Meinungen durch.

c) Steht der Bericht durchgehend in der Vergangenheitsform? Ersetze durch die richtige Zeitform.

➜ siehe Seite 26, 27

Aufgabe 4 Cem schreibt einen Sachtext über den Hubschrauber. Lies den Text und beantworte die Fragen.

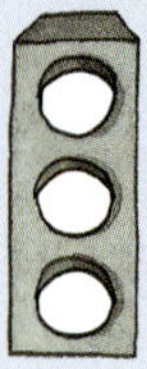

Der Hubschrauber ist kein Flugzeug. Er wurde vor 100 Jahren erfunden. Der Hubschrauber kann nur nach oben fliegen. Er hat statt der Tragflächen so ein Ding, das sich dreht. Er braucht keine Landefahrbahn. Der Mann steuert ihn, indem er die Tragflächen verändert. Hubschrauber heißen auch Helokipter.

a) Hat Cem die Informationen über einen Hubschrauber richtig wiedergegeben? Streiche falsche durch und korrigiere.

b) Drückt sich Cem immer genau aus? Unterstreiche die Wörter, die du durch treffendere ersetzen kannst.

c) Schreibe den Text verbessert auf.

➲ siehe Seite 31, 34

Aufgabe 5 Sebastian schreibt ein Erlebnis auf, das er mit seiner Oma hatte. Lies die Geschichte und beantworte die Fragen.

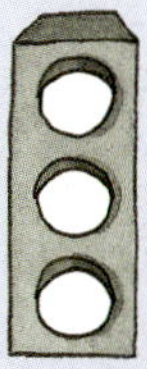

Getroffen!

Ich war übers Wochenende mit meiner Schwester Anne bei meiner Oma. Sie hat in ihrem Garten ein Fußballtor.

Am Samstag hatte Oma allerdings keine Lust, mit uns Fußball zu spielen. Wir ließen aber nicht locker. „Komm, Oma, raus aus dem Liegestuhl, Bewegung ist gut in deinem Alter“, löcherte Anne sie. Schließlich gelang es uns, Oma zu einem Spiel zu überreden. Sie spielte mit mir gegen Anne, die im Tor stand. Anne war aber in Höchstform. Alle Bälle konnte sie abwehren. Da packte Oma der Ehrgeiz: „Na, warte, jetzt muss der Ball rein!“, drohte sie, nahm Anlauf und schoss aus halblinker Position. Aber was flog denn da ins Tor? Der Ball? Nein, der war über die Latte aufs Garagendach geflogen. Es war Omas Turnschuh! Der hatte sich von ihrem Fuß gelöst und traf an Anne vorbei direkt die rechte Ecke.

Oma erklärte sich zum Torschützen. „Getroffen ist getroffen“, behauptete sie. Und auch Anne musste einsehen, dass sie gegen Omas Turnschuhtor keine Chance gehabt hatte.

a) Erkennst du im Text die verschiedenen Teile einer Geschichte? Kennzeichne sie mit Einleitung (E), Hauptteil (H), Schluss (SCH).

b) Unterstreiche im Text alle Stellen rot, an denen jemand spricht.

c) Wo wurden bei den Sprechsätzen treffende Verben für **sagen** benutzt? Unterstreiche blau.

➲ siehe Seite 39, 44, 47

Benachrichtigen

Besprich Aufgaben, zu denen du hier keine Lösung findest, mit einem Erwachsenen.

Seite 6 Üben 1

zum Beispiel:
Kühlschrank kommt erst in 2 Wochen
Herrn Huber anrufen

Seite 6 Üben 2

Es fehlt der Name des Mannes.

Seite 7 Üben 3

zum Beispiel:

Bus verpasst.	Es geht uns	Liebe Oma!
Bin 10 Min. später.	gut!	Herzlichen
LG Vanessa	GN8 Papa!	Glückwunsch!
	Nick	GuK Max

Seite 10 Üben 2

Hallo,
ich lade Euch alle ein. Kommt am Montag. ~~Es gibt Pommes.~~
Viele Grüße von Maren

Es fehlt: Datum, Ort, Uhrzeit, Anlass

Seite 11 Bist du fit?

1 Brief, SMS, E-Mail, Notizzettel

2 Gefühle ~~ausführliche Beschreibungen~~
wichtige Informationen

3

[X] kurz und verständlich [ ] spannend
[ ] lustig und unterhaltsam

4 Ort, Datum, Anrede, Gruß, Unterschrift

5 :-) lachen, fröhlich sein :-(traurig sein :-* Kuss

6 Anlass, Ort, Datum, Uhrzeit

Seite 15 Üben 7

dick: gut gepolstert, mollig, pummelig, plump, rund, dickbäuchig, schwabbelig
dünn: dünn wie eine Bohnenstange, schlank, mager, gertenschlank, knochig, schmal, zerbrechlich, dürr
groß: stattlich, riesig, lang, baumlang, hochgewachsen, massig
klein: schmächtig, winzig, putzig, zierlich, mickrig, zwergenhaft, zart, klitzeklein, kurz geraten
Mädchen: Gör, Teeny, Girly, Fratz, Pummelchen
Junge: Steppke, Frechdachs, Bengel, Dreikäsehoch, Strolch, kleiner Wicht, Knirps, Riesenkerl, Winzling

Seite 16 Üben 1

Seite 18 Üben 1

Wir vermissen Oskar!
Körperbau: schlank, lang gestreckt
Fell: lang und dicht, grau
Beine/Pfoten: lange, graue Beine; weiße Pfoten
Schwanz: schwarz, buschig, weiße Schwanzspitze
Kopf: breit
Augen: oval, goldgelb
Schnauze: flach
Ohren: spitz
Besondere Kennzeichen: grünes Halsband, eingeknicktes rechtes Ohr

Seite 19 Üben 2

Ich schlage Florian den Zwergschnauzer vor, weil dieser Hund nicht so groß wird und in einer kleinen Wohnung gehalten werden kann, wenn er genügend Auslauf hat.

Seite 21 Üben 2

Seite 22 Üben 3

Kartoffelkönigin: abschneiden, durchschneiden, hineinstecken, feststecken, hineindrücken, aufmalen, umbinden, festkleben

Kartoffelbrei: halbieren, waschen, schälen, Wasser abgießen, zerdrücken, unterrühren, zugedeckt kochen

Seite 22 Üben 4

Seite 23 Üben 1

1. Kartoffeln waschen und schälen
2. Kartoffeln halbieren
3. Kartoffeln mit Wasser aufsetzen und zugedeckt 20 Min. kochen lassen
4. Kochwasser abgießen
5. Mit einem Kartoffelstampfer die Kartoffeln und Butterstücke zerdrücken
6. Mit einem Schneebesen die Milch unterrühren
7. In einer Schüssel servieren

Seite 24 Üben 2

Kartoffelbrei

Zutaten: 500 g mehlig kochende Kartoffeln, 50 g Butter, 60 ml Milch

Geräte: Schneebesen, Kartoffelstampfer, Kartoffelschäler, Kochtopf, Messer

Arbeitsschritte:

1. Wasche und schäle die Kartoffeln.
2. Halbiere die Kartoffeln.
3. Setze die Kartoffeln mit Wasser auf und koche sie zugedeckt 20 Min. lang.
4. Gieße das Kochwasser ab.
5. Zerdrücke die Kartoffeln und Butterstücke mit einem Kartoffelstampfer.
6. Rühre mit einem Schneebesen die Milch unter.
7. Serviere den Kartoffelbrei in einer Schüssel.

Seite 25 Bist du fit?

1

[X] Körperbau [ ] Fell [X] Kleidung

[ ] Schnauze [X] Geschlecht

2 zum Beispiel:

klein: kurz geraten, zwergenhaft, winzig

groß: baumlang, riesig, hochgewachsen

Berichten

3

Zutaten | Zubereitung | Lieblingsspeise | Geräte | Vorräte

4

- [ ] Ein Schneebesen ist ein Besen, mit dem man Schnee kehrt.
- [X] Ein Schneebesen ist ein Küchengerät.
- [ ] Einen Schneebesen braucht man zum Schneemannbauen.

5

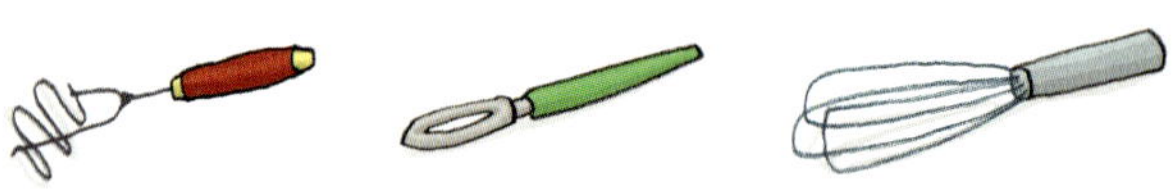

Kartoffelstampfer Kartoffelschäler Schneebesen

6 englisch: potatoes französisch: pommes de terre
türkisch: patates

Seite 26 Üben

Seite 27 Üben 1

Wann passierte der Unfall? Ca. 10.20 Uhr
Wer war an dem Unfall beteiligt? Kai, Clara
Wer war Zeuge? Mitschüler: Tim, Paul, Lea
Wo passierte es? Auf dem Schulhof
Wie geschah es? Kai sauste um die Ecke, Clara guckte nach hinten.
Was war die Folge? Clara lag am Boden und hatte blutige Schrammen.

Seite 28 Üben 2

Gestern **ging** ich mit Flecks, meinem kleinen Hund, in den Feldern vor der Stadt **spazieren.** Flecks **kroch** unter dem Gatter auf die Pferdekoppel und **sprang** hektisch um die Pferde **herum.** Ein Pferd **schlug aus** und **traf** Flecks so, dass er regungslos **liegen blieb.** Andere Spaziergänger **halfen** mir, meinen Hund aus der Koppel zu holen. In der Tierklinik **stellten** die Ärzte Rippenbrüche und Schwellungen fest.

Seite 29 Bist du fit?

1

- [X] Wo passierte das Ereignis?
- [X] Wann passierte es?
- [X] Wer war beteiligt?
- [X] Was geschah?
- [ ] Was ist deine Meinung dazu?
- [X] Was war die Folge?
- [ ] Wie haben sich die Menschen gefühlt?

2

S	E	L	B	R	U	O	I
L	W	U	A	K	R	E	V
S	A	C	H	L	I	C	H
I	H	K	N	A	P	P	O
M	R	L	W	R	A	L	L

wahr, klar, sachlich, knapp

3 Der Radfahrer fuhr trotz Rotlicht über die Kreuzung. Der Autofahrer bremste, kam aber zu spät zum Stehen.
~~Das war leichtsinnig.~~
~~Vielleicht hat er sich ablenken lassen.~~

4 Ich schreibe einen Bericht in der Vergangenheitsform, weil das Ereignis schon geschehen ist.

Seite 31 Üben 1

Diese Informationen sind wichtig:
in den 1930er-Jahren in Deutschland entwickelt; kann senkrecht starten und landen; keine große Landepiste; kann in alle Richtungen fliegen; einen Rotor; Pilot steuert, indem er Anstellwinkel der Rotorblätter verändert; bei einem großen Rotor noch eine zusätzliche Heckschraube

Seite 32 Üben 2

Wann wurde der Hubschrauber in Deutschland entwickelt? Wie alt ist er? in den 1930er-Jahren, ungefähr 80 Jahre alt
Was kann ein Hubschrauber? senkrecht starten und landen
Ein Hubschrauber hat keine Tragflächen, obwohl er ein Flugzeug ist. Was hat er stattdessen? einen Rotor
Wie steuert der Pilot einen Hubschrauber?
Er verändert die Anstellwinkel der Rotorblätter.
Welchen Namen kennst du noch für Hubschrauber?
Helikopter

Seite 33 Üben 4

zum Beispiel:
Der Hubschrauber
Der Hubschrauber wurde vor ungefähr **80** Jahren entwickelt. Er kann vielseitig verwendet werden, weil er senkrecht starten und landen kann. Deshalb braucht er keine große Landepiste. Er kann in alle Richtungen fliegen, weil er keine Tragflächen, sondern einen Rotor hat. Der Pilot steuert den Hubschrauber, indem er die Anstellwinkel der Rotorblätter verändert.

Seite 34 Üben 1

zum Beispiel:
gleiten, wirbeln, schwirren, schweben, flattern

Seite 34 Üben 2

Heißluftballon	gleitet
Segelflugzeug	wirbeln
Gleitschirm	schwirren
Schneeflocken	schwebt
Mücken	flattert
Fledermaus	segelt

(Verbindungen: Heißluftballon – schwebt; Segelflugzeug – segelt; Gleitschirm – gleitet; Schneeflocken – wirbeln; Mücken – schwirren; Fledermaus – flattert)

Seite 35 Bist du fit?

1 Schul- oder Stadtbücherei, Internet, Experten

2 In Deutschland müssen alle Kinder zur Schule gehen; das nennt man Schulpflicht. Nach vier Jahren Grundschule besucht jedes Kind eine weiterführende Schule. In den öffentlichen Schulen muss man kein Schulgeld bezahlen.

3
~~Stichwörter sind Wörter, die stechen.~~
Stichwörter sind wichtige Wörter, die man sich notiert.
Stichwörter sind Wörter, die man sich als Gedächtnisstütze notiert.

4

4 Ich schreibe zu den Stichwörtern eigene Sätze.
3 Wörter, die ich nicht verstehe, schlage ich nach.
2 Ich unterstreiche in einem Informationstext wichtige Wörter und schreibe sie auf.
1 Ich sammle Informationen.

5 **zum Beispiel:**
gleiten, wirbeln, schwirren, schweben, flattern, segeln

Seite 37 Üben

Erzählen

Seite 38 Üben

Wo und **wann** spielt die Geschichte? Tierheim/ Wohnung des Jungen, abends
Wer spielt in der Geschichte mit? Eltern, Junge, Welpe
Welche Namen haben der Junge und der Hund? zum Beispiel: Florian (Junge) und Zoltan (Hund)
Was passiert? Die Eltern kaufen dem Jungen einen Hund. Dann isst die Familie Abendbrot.
Was passiert vor und zwischen den Bildern? Der Junge wünscht sich von den Eltern einen Hund. Die Familie bringt den Hund nach Hause. Der Hund kriecht ins Bett.
Wie endet die Geschichte? eigene Lösung

Seite 39 Üben 1

Seite 39 Üben 2

laut sagen: rufen, schreien, johlen, kreischen, brüllen
leise sagen: murmeln, flüstern, wispern, tuscheln, nuscheln
wütend sagen: poltern, schimpfen, wettern, zetern, brüllen, wüten

Seite 40 Üben 3

Bettentausch
Es war der Kinotag von Liliths und Patricks Eltern. Lilith wollte auf ihren kleinen Bruder aufpassen, weil Oma Heidi abgesagt hatte. Die Eltern verabschiedeten sich und winkten noch einmal, bevor sie aus der Tür gingen. **Bald darauf** nahm Lilith ihren kleinen Bruder an der Hand und brachte ihn in sein Bett. Sie holte sein Schmusetier und legte es ihm in den Arm. **Hinterher** las sie Patrick vor. **Einige Minuten später** schlief Patrick ein. **Schließlich** verzog sich Lilith auch in ihr Bett. **Ungefähr eine Stunde später** hörte Lilith einen lauten Schrei. **Sofort** sprang sie aus dem Bett. Patrick hatte furchtbar schlecht geträumt. Sein Traum war so unheimlich, dass es Lilith selbst mit der Angst zu tun bekam. **Gleich darauf** legten sich beide einfach ins Bett der Eltern. Dort war es gemütlich und roch nach Mama und Papa. **Endlich** kamen die Eltern heim. Sie waren sehr überrascht, dass ihr Bett bereits besetzt war.

Seite 43 Üben

1. Lissi hatte zu ihrer Geburtstagsparty sechs Kinder eingeladen und mit ihrer Mutter eine Überraschung vorbereitet. Dafür gingen alle ihre Gäste in den Stadtpark.
2. Dort stand schon Cems Vater mit einem Bündel großer blauer aufgeblasener Luftballons.
3. Jedes Kind erhielt einen Ballon und ein Adressenschildchen. Das musste an die Schnur geknüpft werden. Die Kinder ließen die Luftballons fliegen.
4. Da kam ein kräftiger Windstoß von der Seite. Einige der Luftballons wurden in die Baumkrone getrieben und blieben hängen. Cems Vater stieg mit seinem Sohn auf den Baum und konnte viele befreien. Einen der Ballons konnten sie nicht erreichen. Er hing zu hoch im Geäst. Welchem Unglücksraben gehörte der wohl?
5. Nach Wochen kam eine Antwort.

Seite 45 Üben 2

Seite 46 Üben 4

schwacher Wind	starker Wind
die Brise,	der Wirbelwind,
der Durchzug,	der Orkan, der Mistral,
die Böe, die Zugluft,	der Hurrikan, der
der Luftstrom,	Monsun, der Fahrt-
der Lufthauch,	wind, der Wirbelsturm,
das Lüftchen,	der Sturm, der
der Föhn,	Schirokko, der
der Windstoß	Sturmwind, der Taifun

Seite 46 Üben 5

Der Wind aus dem Süden heißt Südwind.
Der Wind aus dem Osten heißt Ostwind.
Der Wind aus dem Norden heißt Nordwind.
Der Wind aus dem Westen heißt Westwind.

Seite 47 Üben 1

☐ Lissi freute sich schon wochenlang auf ihren Geburtstag. Sie zählte die Tage und dann auch die Stunden. Endlich war der Tag da. Schon früh morgens war sie auf den Beinen. Sie konnte es gar nicht erwarten, bis ihre Eltern sie schließlich zu ihrem Geburtstagstisch riefen. Für den Nachmittag hatte sie Kinder eingeladen. Sie hätte gern mehr Kinder eingeladen, aber zu Hause war nicht genügend Platz für alle. Mit ihrer Mutter hatte sie eine Überraschung für ihre Geburtstagsgäste vorbereitet.

☐ Lissi hatte zu ihrem Geburtstag sechs Kinder eingeladen. Cem, ihren Tischnachbarn, Paula und Sonja, die Zwillinge, ihre Cousine Fanny, ihren Cousin Max und Tina aus der Sportgruppe. Nachdem alle Geschenke ausgepackt, die Muffins verzehrt und die Gläser ausgetrunken waren, kündigte Lissi eine Überraschung an. Sie hatte sie mit ihrer Mutter für ihre Gäste vorbereitet. Dafür machten sich alle miteinander auf in den Stadtpark.

☒ Lissi hatte zu ihrer Geburtstagsparty sechs Kinder eingeladen und mit ihrer Mutter eine Überraschung vorbereitet. Dafür gingen sie mit allen ihren Gästen in den Stadtpark.

Ich finde die Einleitung passend, weil sie kurz ist und ich erfahre, wann und wo die Geschichte spielt und wer die Hauptperson ist.

Seite 49 Üben

Elena schrieb die letzte Mathearbeit vor den Ferien.	
Elena hatte viel geübt und fühlt sich gut	fühlte
vorbereitet. Konzentriert und aufmerksam	
arbeitet sie vor sich hin. Da stieß sie	arbeitete
mit dem Fuß gegen eine Streichholzschachtel.	
Sie lässt sie auf dem Boden liegen, weil sie	ließ
mit ihren Aufgaben noch nicht fertig war.	
Dann packte Elena aber doch die Neugierde.	
Schnell hebt sie die Schachtel auf und öffnet	hob, öffnete
sie vorsichtig. Ein Briefchen lag darin.	
An der Schrift erkennt sie sofort den Absender.	erkannte
Als sie es lesen wollte, kam ihre Lehrerin auf	
sie zu. Sie will wissen, was Elena während	wollte
der Mathearbeit unter dem Tisch zu suchen hatte.	
Elena wird rot. Dieser Brief sollte nicht in falsche	wurde
Hände kommen. Er war von Joscha.	

Seite 50 Üben 1

zum Beispiel: Mitten in der Mathearbeit

Seite 51 Bist du fit?

1 Überschrift, Einleitung, Hauptteil, Schluss

2 Die **Überschrift** macht **neugierig**.
Die **Einleitung** gibt an, **welche Geschichte erzählt wird.**
Der **Hauptteil** erzählt ausführlich, **was passiert.**
Der **Schluss** erzählt kurz, **wie die Geschichte ausgeht.**

3 Vergangenheit

4 Eine Geschichte wird spannend und interessant, wenn ich ...

☐ möglichst lang schreibe.
☒ schreibe, was die Personen sagen, denken und fühlen.
☐ möglichst kurz schreibe.
☒ treffende Adjektive, Nomen und Verben auswähle.
☐ möglichst richtig schreibe.
☒ abwechslungsreiche Satzanfänge verwende.

Abschlusstest

5 zum Beispiel:
begeistert, happy, gut gelaunt, ausgelassen

Seite 53 Aufgabe 1

- J Hat die Einladung eine Anrede?
- J Erfährst du, wer einlädt?
- J Steht in der Einladung, was genau stattfindet?
- N Erfährst du, wann die Veranstaltung genau stattfindet?
- N Weißt du, wo genau sie stattfindet?

Seite 53 Aufgabe 2

a) Eier
b) Pfanne, Schüssel, Teller
c)

- 4 Eier-Milch-Mischung in die Pfanne fließen lassen
- 1 Eier aufschlagen und in eine Schüssel geben
- 2 Eier mit Milch, Salz und Pfeffer verrühren
- 3 In einer Pfanne die Butter erhitzen
- 5 In der Pfanne braten, bis keine Flüssigkeit mehr da ist
- 6 Rührei mit einem Pfannenheber vom Pfannenboden lösen
- 7 Auf einem Teller servieren

Seite 54 Aufgabe 3

a)

Wer genau waren die Unfallpartner?	[X] Ja	[ ] Nein
Wann ist der Unfall geschehen?	[ ] Ja	[X] Nein
Wo fand der Unfall statt?	[X] Ja	[ ] Nein
Was ist geschehen?	[X] Ja	[ ] Nein

b) und c)
~~Was für eine komische Geschichte!~~ Ich **stand** mit meiner Tochter vor der Tür an den Mülltonnen, als Herr Münch mit seinem roten Oldtimer rückwärts aus seiner Einfahrt auf die Straße fuhr.
Gleichzeitig und ebenfalls rückwärts **fuhr** unsere ~~doofe~~ Nachbarin aus ihrer gegenüberliegenden Hofeinfahrt. Beide **guckten** rechts und links nach dem Verkehr, aber nicht nach hinten. In der Mitte der Straße **stießen** die beiden Autohecks ~~mit Karacho~~ aufeinander. An beiden Fahrzeugen entstand großer Schaden. Verletzt wurde niemand. ~~Um die Karre unserer Nachbarin ist es ja nicht schade, aber um Herrn Münchs Oldtimer kann es einem schon leidtun.~~

Seite 55 Aufgabe 4

a) bis c)
Der Hubschrauber ist **ein** Flugzeug. Er wurde vor **80** Jahren erfunden. Der Hubschrauber kann **in alle Richtungen** fliegen. Er hat statt der Tragflächen **einen Rotor, der** sich dreht. Er braucht keine **Landepiste**. **Der Pilo**t steuert ihn, indem er die **Rotorblätter** verändert. Hubschrauber heißen auch **Helikopter**.

Seite 55 Aufgabe 5

a) bis c)
Eine Oma-Geschichte

E Ich war übers Wochenende mit meiner Schwester Anne bei meiner Oma. Sie hat in ihrem Garten ein Fußballtor.

H Am Samstag hatte Oma allerdings keine Lust, mit uns Fußball zu spielen. Wir ließen aber nicht locker. „Komm, Oma, raus aus dem Liegestuhl, Bewegung ist gut in deinem Alter“, löcherte Anne sie. Schließlich gelang es uns, Oma zu einem Spiel zu überreden. Sie spielte mit mir gegen Anne, die im Tor stand. Anne war aber in Höchstform. Alle Bälle konnte sie abwehren. Da packte Oma der Ehrgeiz: „Na, warte, jetzt muss der Ball rein!“, drohte sie, nahm Anlauf und schoss aus halblinker Position. Aber was flog denn da ins Tor? Der Ball? Nein, der war über die Latte aufs Garagendach geflogen. Es war Omas Turnschuh! Der hatte sich von ihrem Fuß gelöst und traf an Anne vorbei direkt die rechte Ecke.

SCH Oma erklärte sich zum Torschützen. „Getroffen ist getroffen“, behauptete sie. Und auch Anne musste einsehen, dass sie gegen Omas Turnschuhtor keine Chance gehabt hatte.

Notizen

Fachbegriffe

Namenwort	Nomen	Übung
Begleiter	Artikel	die, eine
Einzahl	Singular	die Übung
Mehrzahl	Plural	die Übungen
Fürwort	Pronomen	sie, ihr
Tu(n)wort	Verb	zeigen
Grundform	Infinitiv	zeigen
Personalform		ich zeige, du zeigst
Befehlsform	Imperativ	zeige!
Gegenwart	Präsens	er zeigt
1. Vergangenheit	Präteritum, Imperfekt	er zeigte
2. Vergangenheit	Perfekt	er hat gezeigt
Zukunft	Futur	er wird zeigen
Wiewort	Adjektiv	schwierig
Umstandswort	Adverb	bald, gestern
Verhältniswort	Präposition	auf, an, in
Bindewort	Konjunktion	und, oder, obwohl
Ersatzwort	Synonym	sagen: sprechen, plaudern

Satzgegenstand	Subjekt	Der Sportler
Satzkern	Prädikat	zeigt
Ergänzung im 3. Fall	Dativobjekt	dem Trainer
Ergänzung im 4. Fall	Akkusativobjekt	die Übung
Umstandsbestimmung	adverbiale Bestimmung	am Reck.